MARIO WIRZ   ICH RUFE DIE WÖLFE

Mario Wirz

Ich rufe die Wölfe

Gedichte

Aufbau-Verlag

Dieses Buch entstand mit Hilfe der Berliner Künstlerförderung und eines Arbeitsstipendiums für Berliner Schriftsteller.

ISBN 3-351-02227-1

1. Auflage 1993
© Aufbau-Verlag Berlin und Weimar GmbH 1993
Gesamtgestaltung Matthias Gubig
Schrift Rotis sans serif
Satz Dörlemann-Satz, Lemförde
Druck und Binden Offizin Andersen Nexö Leipzig GmbH
Printed in Germany

Thomas Schweikert gewidmet,
der mir immer wieder half,
mit Freundschaft und Dankbarkeit,

Mario Wirz,
Berlin, den 20. September 1992

BESCHWICHTIGUNGEN

Schwarze Katze auf der Mülltonne
Gelbäugiger Tod
Fang dir eine andere Maus
Ich ergebe mich noch nicht
Im Traum fraß das Feuer meinen Sarg
Bäumte sich mein Körper auf
Streuten fremde Männer meine Asche
über diesen Hinterhof
Gelbäugiger
Ich lebe noch
Eine Cassette von Joe Cocker gegen das
Glockenläuten in meinem Kopf
Lasse mir den Tag nicht zusammenschlagen
Gelbäugiger Virus
Erledigst mich auf samtenen Pfoten
ohne Lärm
Läßt mich zappeln
ein mörderisches Spiel
Doch heute lebe ich noch
Werde mich gleich rasieren
Schwarze Katze auf der Mülltonne
Fang dir eine andere Maus
Ich ergebe mich noch nicht

TRAUMHELDEN

Kehre zurück von der Traumfront,
Herzinvalide,
doch nicht gefallen im Schlafkrieg dieser Nacht,
habe meine Liebe verteidigt,
mit den Waffen der Erinnerung an unsere Geschichte,
habe gekämpft,
trug ich dich über das Minenfeld,
oder war ich es, der in deinen Armen lag?
Die Zeitbombe traf uns nicht,
keine Macht hatte der,
der mit Buchhalterstimme die Zahlen der Opfer nennt.

ZIMMERWILDNIS

Der Türspalt,
tückisches Grinsen,
verschlagener Mund,
sammelt Sätze
gegen die zusammengekauerte Gestalt
in der Zimmerwildnis,
viel zu laut tickt der Wecker,
weckt die schlafenden Ungeheuer,
Vorsicht,
getroffen vom Uhrzeiger
wie von einem vergifteten Pfeil
sinke ich
noch tiefer hinab.

TANGO

Tyrannischer Rhythmus,
bin ich das,
der die Dosen auf den Regalen der Supermärkte
　tanzen läßt?
Empörte Abteilungsleiter fallen in meine Arme,
alle gehorchen dem Tango,
auch zwei junge Polizisten.

WINTERVISION

Ist unter den Krähen eine, die mir ihre Flügel leiht,
für einen Nachmittag im Winter,
suche ich meiner Geschichte einen anderen Ort,
fliege über den Lärm fremder Städte,
geduldig,
trage die Botschaft im Schnabel,
mein Schweigen,
dann fällt es,
schwarze Feder im Schnee.

Meine Feste

Ich leiste mir jetzt öfters eine Flasche Sekt.
Sitze auf meinem alten Sofa
und warte auf einen kleinen Rausch.
Eine trunkene Stunde, in der all die vielen
aus der Vergessenheit zurückkehren
und noch einmal meinen Hunger wecken.
Namenlose, schöne, wilde Körper.
Schwerarbeit sind meine Feste, aber ich gebe mir Mühe.
Lache lauter als früher, tanze schneller.
Streune in der U-Bahn durch die Stadt,
flirte mit allen.
Streichle jeden Hund, lasse mich mit Absicht
gegen fremde Schultern fallen.
Wehre mich gegen die Müdigkeit,
die mich zwingen will, den großen Schlaf zu üben.
Keine Zeit.
Vielleicht ist schon jemand unterwegs, mich zu retten.
Mein Fieber läßt sich anstecken
    von der Geschwindigkeit der anderen.
Für einen Augenblick die Angst verlieren,
ohne Gedächtnis drauflosleben,
mit einer Gesundheit,
die ich mir von irgend jemandem leihe.

Nächtliche Kopfprotokolle

Norbert ist 24 Jahre alt.
Sein Hund.
Seine Asthmaanfälle, die er schon als Kind hatte.
Seine 930 T-Helfer-Zellen.
„Ihr Immunsystem ist nur minimal unter der Norm",
sagt sein Arzt.
„Mit 930 T-Helfer-Zellen können Sie
   erst mal angstfrei leben."
Norbert weint am Telefon.
Arthur ist 27 Jahre alt.
Sein kurzgeschorenes Haar.
Seine Waisenkindaugen.
Seine 720 T-Helfer-Zellen.
Sein neuer Freund.
„Ich trau mich nicht, ihm zu sagen, daß ich positiv bin",
sagt Arthur.
Rudi ist 47 Jahre alt.
Sein kostbares Porzellan.
Seine Schallplattensammlung.
Seine 328 T-Helfer-Zellen.
„Ich vertrage AZT ganz gut",
sagt Rudi.
Markus ist 22 Jahre alt.
Sein grelles Lachen.
Seine bunten Hemden.
Seine 540 T-Helfer-Zellen.
„Ich bring mich vorher um,
   aber zuerst fahre ich nach Mexiko",
sagt Markus.
Stefan liebte New York.
Seine großen Hände.
Seine Wutausbrüche.
Sein sanfter Körper.
Stefan starb mit 29 Jahren.

TRAUM

Mein Unglück ist eine fruchtbare Landschaft.
Nie versiegt der Quell der Tränen.
Auch Fremde weinen manchmal um mich.
Alles gedeiht in diesem Regen.
Noch einmal blüht der Baum der Erkenntnis.
Die Schlange schläft im wogenden Nachtfeld.
Nach den Herzstürmen wieder Stille.
Leise wächst Gras über meine Geschichte.

RAUBZÜGE

Ich plündere schamlos die Gesichter der Verliebten
in der U-Bahn
und raube mir ihr Lächeln.
Auch der zärtliche Blick des Jungen
am Tresen für seinen Freund
landet bei mir,
kostbares Juwel der Lebenden.
Der leichte Schritt der Glücklichen
verzögert meinen Fall,
und es geht weiter,
auch diesen Tag.
Ich stehle mich heimlich davon
mit den furchtlosen Stimmen der Straße
und bändige mit ihnen die Stille.
Auch die Hoffnungen meiner Freunde
   sind nicht sicher vor mir.
Skrupellos bringe ich ihre Träume in meinen Besitz
und ahme ihre Gesten nach,
wenn sie von der Zukunft sprechen.

INVENTAR DER NACHT

Mein Bett.
Meine Schweißausbrüche.
Meine Nacht.
Mein Fieber.
Meine Schlaflosigkeit.
Mein Geliebter.
In einem anderen Bett.
In einer anderen Nacht.
Meine T-Helfer-Zellen.
Meine geschwollenen Lymphknoten.
Mein Virus.
Mein Zimmer.
Meine Schritte.
Mein Schweigen.
Meine Angst.
Mein Fenster, das ich öffne in die Nacht der anderen.
In meine Nacht.
In meinen Hinterhof, der nicht der Hinterhof
   meines Nachbarn ist.
Der Himmel ohne Sterne über den Mülltonnen.
Das Licht im dritten Stock im Hinterhaus.
Die Musik im Parterre des Seitenflügels.
Mein sternenloser Himmel.
Meine Dunkelheit.
Mein aufsässig schlagendes Herz.
Mein altes Sofa, auf dem ich jetzt sitze.
Meine Zigaretten auf dem Tisch.
Mein Sitzen.
Mein Starren.
Mein Rauchen.
Meine Zeit.
Mein ungeschriebenes Gedicht.
Mein Tod.

DANACH

Wenn es geregnet hat,
schmeckt die Erde nach Hoffnung,
üppige Mahlzeit,
für eine hungrige Stunde,
die Uhrzeiger drehen sich,
als wollten sie tanzen,
überall Ewigkeit,
für den Bruchteil einer Sekunde.

LANGE VERLOBUNGSFEIERLICHKEITEN

Ich bin die männliche Braut des Todes,
vor sechs Jahren buchstabierte er sich
mein Jawort aus dem Schweigen,
das der Diagnose folgte,
im Behandlungszimmer des Arztes,
der verlegen wegschaute,
als er mich küßte,
sehr sanft,
mein geduldiger Bräutigam,
seit sechs Jahren wartet er
auf die Hochzeitsnacht,
gelassen wie einer,
der gewohnt ist zu siegen.
Er sammelt die Ringe eines gefällten Baumes
in seiner Schmuckschatulle und zeigt sie mir.
„Such dir davon einen aus",
sagt er zärtlich,
aber ich kann mich nicht entscheiden,
ich bin wankelmütig wie alle Bräute
und ziere mich ein bißchen.
Das amüsiert meinen Bräutigam,
der mir Wölfe schickt,
nachts in meinem Hinterhof zu singen.
„Laß uns tanzen",
lockt er mit weicher Mondstimme,
aber ich sitze auf dem Stuhl,
schwarze Schreie in der Kehle,
ich bin eine ängstliche Braut.
Mein Bräutigam tanzt allein
und lacht.
„Ich pflück dir bald den Hochzeitsstrauß",
sagt er
und zählt die Rosen meines letzten Sommers.

Die Gefangenschaft des Kranken

Kaum dem Schlaf entronnen,
der ihn viel zu oft
in seiner Falle fängt,
schnappt der Gefangene
nach den Almosen des Lebens,
die Besucher füttern seinen Hunger
mit Reisebeschreibungen und
Liebesgeschichten,
kein Detail entgeht ihm,
der Vorrat des Gefangenen
für Tage,
an denen niemand kommt,
dann fliegt er nach New York,
läuft durch Straßen,
die er nur aus Filmen kennt,
ruft den Namen von einem,
dem er nie begegnen wird,
ruft so lange,
bis im Schlaf der andere Antwort gibt.

TOURISMUS

Der Fremde, der entschlossen ist,
sich in meinen Tod zu verlieben,
zögert nicht,
durch meine Nacht zu wandern,
in strapazierfähigen Schuhen
geht er beschwingt,
auch auf steinigem Boden,
besichtigt die Gespenster
und staunt,
Tourist meiner Dunkelheiten.

Spaziergänger

Die Hand ausstrecken,
Licht sammeln,
Schritt für Schritt
den Tag annehmen,
unbekannte Landschaft,
in der Menge der anderen untertauchen,
für einen Nachmittag wie alle sein,
nicht in diesen Häusern wohnt der Tod,
die letzte Stunde wird mich nicht
am Ende dieser Straße niederschlagen,
weitergehen,
Schritt für Schritt
ohne Angst vor dem mageren Gesicht
im Schaufenster,
kein Spiegel kennt die Wahrheit,
weiteratmen,
Schritt für Schritt.

So viel Himmelsblau

So viel Himmelsblau,
an diesem Morgen,
der sich berauscht an seiner Endlichkeit,
den Himmel austrinken,
als wäre mein Durst zu löschen,
besoffen von so viel Himmelsblau
mein Fest feiern,
blökende Schafswolken
an diesem Morgen,
ich mittendrin,
betrunkener Schäfer,
wir rufen die Wölfe
und lassen uns das Fell abziehen,
Gesang zwischen den Zähnen,
so viel Himmelsblau.

BILD

Das stumme Telefon im Zimmer,
eine zusammengerollte Schlange,
die von ihrem Opfer träumt.
Auch dieser Tag,
eine tödliche Falle.

HÖHLENBEWOHNER

Die Rasierklinge eine Waffe
vor dem Blick des Fremden
im Spiegel.
Die Schuhe im Flur,
dunkle Höhlen,
in denen Drachen hausen.
Wie soll ich weiterkämpfen?
Ich trinke den Kaffee aus deiner Tasse
und fürchte mich.

MUTTERTAGEGEDICHT

Mutterworte,
spitz und dunkel,
sperren die Tage ein
in engen Sätzen
ohne Fenster.
Deren Fleisch und Blut ich bin
wacht über das Geheimnis meines Körpers,
der kein Alter braucht,
um in seiner Zelle zu welken.
Auf dem Altar der Mutteropfer
gehe ich ein
in Dankbarkeit,
blutbefleckte Träume inmitten der Blumen,
die eine Greisin auf das Grab
ihres Sohnes streut.

Sturm

Wer öffnet das Fenster,
läßt Sturm in mein Zimmer?
Die schwarze Stille
dieses Nachmittags
spricht aus
die Zauberformel,
weckt alle Dinge auf
aus ihrem Schlaf,
Stunde mit wilden Haaren.

Fleischmarkt

Wenn ich sie schon nicht mehr retten kann,
meine arme Haut,
trage ich sie zu Markte
und biete feil
die unversehrten Zentimeter,
noch die eine und andere Stelle frei
für blaue Flecken.

MORD

Niemand folgt mir zum Brunnen,
das Kind fällt,
kleine Schreie in den Augen,
ich tauche meinen Kopf ins Wasser,
unschuldige Geste eines Fremden
in der Mittagsglut
dieses Sommertages.
Von denen, die mir auf dem Marktplatz
hinterherschauen, erkennt niemand
den Bastard, den sie vergifteten
mit ihren Prophezeiungen.
Niemand weiß, daß ich zurückgekehrt bin,
mit schwarzen Feuern,
ihre Häuser anzuzünden.

FRAGE

Wie spät ist es?
fragt jemand,
ich finde keine Zeit,
alle Uhren lügen.

IMMER

Anfang wird immer sein,
flüstern die Wächter der Hoffnung,
mit geschlossenen Augen,
dahinter ein Schweigen,
sehr sanft,
inmitten der Landschaft,
nicht lange,
dann wächst es,
das rettende Wort.

TRAUM

Das Boot des Schlafenden,
aus seinem Holz geschnitzt,
ging unter
im Nachtsturm,
auch seine Schreie,
nicht lange trugen ihn die Wellen,
bis sich das Meer
in einem Atemzug
ins Herz des Schlafenden ergoß.

AUGENBLICK IM FEBRUAR

Zaghaftes Licht der Februarsonne
in den Spinnweben an der Decke
weckt das Dunkel des Sofa-Mannes
kleine, goldene Pfeile,
für einen Augenblick Helligkeit,
fast ein Lächeln.

Bedrohliche Szene

Die Katzen fressen langsamer als sonst.
Fenster wird geschlossen.
Einer, der stehenbleibt,
sieht,
wie sein Schatten davonrennt.

Schatz

Ich bücke mich
inmitten der Menge,
hebe eine Stunde auf,
die jemand verloren hat.

KOFFEINRAUSCH ODER
VISIONEN EINES KAFFEETRINKERS

An einem x-beliebigen Tag mittels eines Kopfsprunges
in eine Tasse Kaffee stürzen.
Nicht ohne Anmut,
mit dem Leben,
das übriggeblieben ist von einem.
Auch jener Rest besäße so viel Stolz,
heimlich,
noch eine Welle zu schlagen,
und würde,
nicht ohne Anteilnahme,
der eigenen Brandung lauschen.
Vielleicht, kurz vorher,
noch irgendwas verstehen.
Zum Beispiel, daß es kein Geheimnis gibt,
nirgends,
auch nicht im Schicksal eines Teetrinkers.
In diesem Fall versüßte ein Zuckerstück,
oder auch zwei,
die bittere Erkenntnis, die in einem Anfall von Trauer
über den Rand der Tasse schwappen würde,
mit dem Temperament eines neuen Schmerzes.
All das geschähe unbemerkt
und wäre,
im schlimmsten Fall,
nur eine weitere Ungeschicklichkeit,
   die dazu beitragen könnte,
das spontane Bedauern eines Fremden in Grenzen zu halten.
Doch all das hätte inmitten der Gischt
so wohltuend wenig Bedeutung,
daß es nicht einmal einer Springflut gelänge,
die Welt außerhalb der Tasse zu erstaunen.
An einem x-beliebigen Tag
   auf dem Grund des schwarzen Meeres aufhören,
von den Ufern zu träumen,
die man nie erreichte.

Lebendige Stunden

Die, die mit trauriger Ungeduld schon jetzt Ausschau halten
nach meinem Tod, erschrecke ich mit meinem Lachen,
ihrer vorauseilenden Trauer
   läuft meine Hoffnung entgegen,
atemlos von einer lebendigen Stunde,
die ich in Sicherheit gebracht habe vor denen,
die die Zeit totschlagen.
In manchen Nächten reiße ich die Fenster auf
und rufe meinen Namen in den Hinterhof,
mit einer lauten Stimme,
die auch jene weckt,
die mich schon lang begraben haben.
Denen, die ein leises Sterben von mir fordern,
widme ich meinen Lärm,
nicht länger
   züchte ich Schreie hinter zugezogenen Gardinen.

Die Liebe in den Zeiten von Aids

Safe war der Sex zwischen uns,
doch nicht safe ist die Nacht.
Über ihre Minenfelder hinweg
den Arm nach dir ausstrecken
und dich aus dem Feuer tragen,
Geliebter,
du siehst Gespenster,
nichts kann die Bombe entschärfen,
doch jetzt atmen wir,
Seite an Seite,
ich bin ein glücklicher Gefangener.
Jetzt halte ich dich,
mein trauriger Geliebter,
und erzähle dir eine Geschichte,
in der ein Wunder vorkommt.

MITTENDRIN

Lasse mich mitreißen
im Strom eines Fremden
und frage nicht nach dem Ziel.
Antworte jedem Ruf
mit einem Chor von Stimmen
und höre auch die Botschaft
von dem, der schweigt.
Will nicht entfernt sein,
bin mittendrin,
folge den Schritten der anderen,
als wüßten sie den Weg.

RIVALITÄT

Wer schrieb das Märchen,
    das sich in purer Wirklichkeit abspielt?
Die alte Mutter
und der junge Sohn,
gleichzeitig vom Tod umworben.
Mutterschweigen
Sohnschweigen,
hinter der Stirn das Gift ihrer Verschweigungen.
Wer stirbt schneller,
wer fürchtet sich mehr?
Der Sohn geizt mit Trost,
die Mutter braucht ihre Anteilnahme für sich,
beide fühlen sich betrogen.
Mutterblicke
Sohnblicke
tödliche Augenblicke.

REGENZEIT

Meinen Schirm schenk ich jemandem,
der diesen Regen nicht so dringend braucht
wie ich,
jetzt feiere ich mein Fest,
pitschnaß,
ein vergessenes Kinderwort,
das sich an mich erinnert.

TÖDLICHE WORTSPIELE

Ich häng an meinem Leben wie am Strick.
Mein Leben hängt an einem dünnen Faden.
Solange es dauert, beißt man sich durch.
Bevor der Galgenvogel freiwillig den Ast absägt,
auf dem er sitzt, singt er sein letztes Lied.
Beflügelt von Trauer und Zorn.

Selbst die Stunden sind heute zu müde,
    um irgend jemanden zu schlagen.
Morgen ist auch noch ein Tod.
Blick der geschenkten Zeit ins Maul und laß
    alle Hoffnungen fahren.

Wer den Becher bis zur bitteren Neige austrinkt,
stürzt,
immer noch durstig,
vom Seil und landet tot auf dem Boden der Tatsachen.
Andere bleiben auf dem Teppich.
Jeder stirbt so gut er kann.

Hau noch mal so richtig auf die Pauke und laß endlich die
verdammte Sau raus, um sie zu schlachten. Letzte Mahlzeit.
Dann lach dich tot.
Am Ende läuten die Glocken jener Kirche,
die wir alle im Dorf lassen.

NÄRRISCHE ENTRÜSTUNGEN

Die Zeit tickt nicht ganz richtig,
lästern die Irren
und schmeißen alle Uhren weg.

Der Reihe nach

Gewalttätig ist das Blau des Himmels
an diesen Tagen,
zuviel Licht in den Straßen.
Schwerarbeit ist jeder Schritt.
Ich traue mich nicht stehenzubleiben,
verdächtig ist meine Schwäche,
in den Augen der Alten,
die bedrohlich aus den Fenstern wachsen.
„Der Reihe nach wird gestorben",
rufen sie,
ich bin einer, der sich vordrängelt.

Tatsachen

Über mir wohnt eine alte Frau,
    die einen Kanarienvogel besitzt,
dessen Lied mich schon oft weckte.
Das könnte eine Tatsache sein, die rettet.
Auch Wellensittiche singen manchmal.
Oder ist es ein Hund, dessen Bellen meine Schlaflosigkeit
unterhielt in vielen Nächten?
Die alte Frau und der Hund, das klingt nach Wirklichkeit.
Jetzt schreit die Stille wie sonst nur am Abend.
Vielleicht ist die alte Frau schon längst gestorben.
Ich weiß nichts mehr.
Auch nichts vom Schicksal ihres Hundes,
    der ein Vogel war.

KOPFTHEATER

Vorhang auf für die Angst,
rüstige alte Dame,
sie kennt ihr Stichwort,
ohne Maske betritt sie meine Bühne,
ohne Kostüm,
nur Sterbensworte kommen über ihre Lippen,
langer, langer Monolog.
Die Hoffnung,
abgetakelte Greisin,
hat zuviel Rouge aufgelegt.
Sie unterbricht,
erfindet Sätze,
die in diesem Stück nicht vorkommen.
Singt Liebeslieder
mit welkem Mund
und ballt die Faust,
rührend und etwas lächerlich,
die Alte,
immer noch eine Debütantin,
die Angst und die Hoffnung
achten nicht auf das Kind,
das stumm an seinen Fingern die Tage zählt.

NACHMITTAGSCLOWN

Jetzt und hier auf dieser Bank,
an diesem Nachmittag,
werde ich nicht sterben.
Jede Minute ist so rot und süß
wie die Kirschen,
mit denen ich die Zeit füttere,
gieriges Ungetüm,
ein ganzes Kilo,
nur für diesen Nachmittag.
Jetzt und hier auf dieser Bank
spucke ich die Kerne in jede Himmelsrichtung,
mit trotziger Erinnerung,
auch damals flogen sie nicht weiter.
Jetzt und hier an diesem Nachmittag
verderbe ich mir den Magen,
mit der Freiheit der Lebendigen.
Ich schminke mein Gesicht mit dem Saft der Kirschen,
bis die Kinder der Spaziergänger lachen.

Alltag

Ich sterbe so vor mich hin.
Bescheiden und ohne Aufsehen zu erregen.
Wo andere Kranke zum Ärgernis werden,
trainiere ich Gelassenheit.
Spreche über Filme und Literatur
und bedrohe niemanden mit meinen Alpträumen.
Trinke nach wie vor jeden Morgen drei Tassen Kaffee
mit Milch und erkenne meinen Käfig wieder.
Lese die Zeitung und suche mir eine Katastrophe aus,
die mich von meinem Unglück ablenkt.
Mindestens einmal im Monat gehe ich zum Friseur.
Nichts hat sich verändert.
Abgesehen davon, daß ich langsam verschwinde.

Animalische Verwandlungen

Montags teilt der Hund meines Nachbarn
   seinen Knochen mit mir,
kein Fleisch mehr dran,
aber ich nage trotzdem,
alles eine Frage des guten Willens,
dann bellen wir gemeinsam und stören die Mittagsruhe.
Dienstags schreie ich mir mit den Katzen des Hinterhofs
die Nacht aus der Seele,
bis hinter irgendeinem Fenster das Licht angeht.
Auch meine Mittwochtaube ist nicht leise,
wir hocken auf unserer Dachrinne,
eng beieinander,
und gurren,
vergeblich,
keine beflügelte Stunde in Sicht.
Der Donnerstag findet mich im Aquarium der Goldfische,
wir tanzen,
schläfrig-berauscht,
und vergessen das Meer.
Jeden Freitag suche ich die Wölfe und ihren Hunger,
ich bin ein wollüstiges Schaf.
Noch schlimmer treibe ich es am Samstag.
Erschöpft falle ich dem Sonntag in die Arme,
schlafendes Menschentier.

Infizierte Konjunktiv-Orgien

Hätte mich der Virus nicht erwischt, wäre ich vielleicht an meinem 35. Geburtstag
   von einem Omnibus überfahren worden.
Hätte mich an einem Montagnachmittag
   der Schlag getroffen
oder die Kugel eines zerstreuten Polizisten.
Wäre ich am Ende einer Nacht
   aus dem achten Stock gesprungen
oder in Kreuzberg
   von einem Dachziegel erschlagen worden.
Hätte mich der Virus nicht erwischt, hätte ich nie nachgedacht, welche Tode mir erspart geblieben.

Hätte mich der Virus nicht erwischt, wäre ich vielleicht an meinem 35. Geburtstag
   mit meinem Geliebten im Omnibus nach
Amsterdam gefahren.
Hätten mich an einem Montagnachmittag
   ein Geistesblitz getroffen
oder die Pfeile Amors.
Wäre ich am Ende einer Nacht
   an der Seite meines Geliebten
im achten Stock glücklich eingeschlafen
oder in einem Café in Kreuzberg von ihm zum Frühstück eingeladen worden.
Hätte mich der Virus nicht erwischt, hätte ich ein anderes Gedicht geschrieben.

MEINE JAHRESZEIT

Der Kälte vertraue ich,
sie lügt nicht.
Mein Freund, der Frost.
Er schenkt mir Blumen,
die ich annehmen kann,
ohne an Mitleid zu denken.
Spuren im Schnee
verwirren mich,
niemand soll mich finden.

Unveröffentlichte Wahrheiten
In eigener Sache

Niemand gefährlicher als einer,
der mit guten Manieren stirbt,
wie wollt Ihr mich in Erinnerung behalten?
Ich trage gebügelte Hemden
und mache aus dem Tod eine Witzfigur.
Ihr werdet später an viele lustige Abende
in meiner Gesellschaft zurückdenken.
Ich vergesse nicht, daß Ihr es seid,
die getröstet werden wollt.
Auf meine Wohlerzogenheit ist Verlaß.
Ich nehme Euch die Angst
und revanchiere mich für die Einladung
mit Sätzen über Reinkarnation
und andere Erbaulichkeiten.
Wohin mit meinen Verwünschungen,
gegen mich,
gegen Euch,
wohin mit meinem Neid
auf die Weiterlebenden,
wer löscht die Feuer,
die ich mit meinem Fieber anzünde,
das brennende Haus der rechtschaffenen Schläfer?

HINTERHOFPHANTASIEN

Auch an diesem Nachmittag schießt sich der junge Mann
aus dem linken Seitenflügel eine Kugel in den Kopf.
Oder war es ein Film in einer Spätvorstellung?
Oder eine Geschichte,
    die jemand von jemandem gehört hatte?
Oder ein Gerücht?
Ich weiß es nicht mehr.
Keine Erinnerung.
Oder doch?
An einen Nachmittag,
    da lag ein Männerkörper neben mir,
den ich umarmte,
Schneeflocken rieselten auf unsere Körper, leise,
wie ein Bild aus der Kindheit.
Oder ist all das einem anderen passiert?
Mir fällt kein Name ein, der zu den Händen paßt,
die mich berührten.
Aber nicht immer habe ich so gefroren
    wie an diesem Nachmittag.

Die Launen des Siegers

Nacht für Nacht legt er sich zu mir,
berauscht von meinem Widerstand.
Längst habe ich verloren, aber Tatsachen langweilen ihn.
Zähmen will er meine widerspenstige Sterblichkeit,
mit dem Ehrgeiz des Dompteurs.
Er liebt das Spiel,
tut so, als wäre der Kampf noch nicht entschieden.
Und ich falle auf den Trick herein und schreie.
Das stimuliert ihn.
Lüstern geht er durch meine Träume
und fängt mich in der Falle des Schlafes.
Manchmal hält er mich wach,
der übermütige Barbar
und weidet sich an den Gebeten des Schlaflosen.
Meine Hoffnung amüsiert ihn.
Meine närrischen Durchhalteparolen.
Nacht für Nacht weise ich ihn ab.
Ich bin dem Jäger keine leichte Beute.

JANUARBESCHWÖRUNGEN

„Diese Kälte ist scheußlich", jammert der dicke Pächter
des Tabakladens und reibt seine Hände, als müßte er das
Wetter beweisen.
　Ich schweige und äuge nach den Schlagzeilen
der Illustrierten. Mit der Routine der Hoffnung.
Vielleicht schon morgen, daß es Rettung gibt.

„So kalt wie in Sibirien", sagt der Metzger und schlägt
auf das Fleisch ein. Ich schweige und zahle mein Steak.
Seit zwei Jahren glaube ich an Eiweiß.
Und Vitamin C.
Und Vitamin B.
Und Vitamin F.

Widerstand gegen den Tod.
Die Hoffnung
und das Eiweiß
und Vitamin C
und Vitamin B
und Vitamin F.

Meine gesprungenen Lippen,
ich atme.
Meine geröteten Ohren,
die Stimmen der Lebenden erreichen mich.
Meine verfrorenen Füße,
ich gehe.
Jeder Schritt ein Staunen.
Ich lebe

HÄUTUNGEN

An manchen Tagen
   treibe ich mich in fremden Fluren herum
wie in einer anderen Geschichte.
Steige Treppen empor
und lerne Namen auswendig.
Der mir entgegenkommt, schaut mich an,
als wäre ihm mein Gesicht vertraut.
An manchen Tagen suche ich mir einen Namen aus,
der zu meiner Sehnsucht paßt.
Wildere durch die Gerüche der Mittagszeit
und setze mich an einen gedeckten Tisch.
Lasse eine schwarze Katze mit weißen Pfoten
auf meinen Schoß springen
und streichele sie,
   bis die Zeit unter meinen Händen schnurrt.
Stufe um Stufe lasse ich den Mann hinter mir,
der ich zu sein behauptet.
Streiche mir sein Schicksal aus der Stirn,
werfe ab seinen Opferblick.
An manchen Tagen klingele ich Sturm
an fremde Türen und warte, daß jemand
mir mein Leben noch einmal erzählt.

ÜBERFORDERUNGEN

Ein dunkler Lärm,
das Ungesagte,
genauso dunkel wie das Unsagbare selbst.
Wir flüchten in kleine Schwatzhaftigkeiten
und sprechen nicht darüber,
doch unüberhörbar,
der dunkle Lärm,
allgegenwärtig unsere Angst.
Du versuchst,
meine nächtlichen Stürme zu bändigen,
mit Umarmungen, in denen wir beide untergehen.
Erinnern sich deine Hände an die Kindheit unserer Liebe?
Jetzt schreien wir
und beten zu einem Gott,
an den wir nicht glauben.
Immer öfter desertierst du zu den Lachenden,
die von keiner Gewißheit verwundet.
Wer ruft mich in allen Träumen?
Ein dunkler Lärm,
mein letzter Tod.

Aber Glauben

Nicht länger streck ich jeder Zigeunerin
 meine Hände entgegen,
ungeduldig und gläubig,
daß sie mein Schicksal korrigiert.
Meine eifrigen Freunde,
 die mir die Zukunft aus den Karten lesen,
schick ich lachend zum Teufel,
auch alle Wahrsager.
Mit Gleichmut ertrag ich,
 daß die Katze von rechts die Straße
überquert,
und auch der Schornsteinfeger weckt keine Hoffnung.
Mein Horoskop für den Tag, für die Woche,
für den Monat, für das Jahr
ignoriere ich von nun an stur.
Nicht länger steh ich unentschlossen in mir rum,
ich setze Schritt für Schritt
und wage auch das Dunkel,
erstaunt,
daß mir an manchen Tagen Flügel wachsen.

Die Stille

Der so lange in mir geweint hat, weint nicht mehr.
Kein Gesang,
kein Wort,
auch kein Schweigen,
    das ich mit jemandem teilen könnte.
Andere erzählen mir von dem, der ich gewesen bin.
Lesen Briefe vor, die ich geschrieben habe,
und zeigen mir Fotos, auf denen ein Fremder lächelt.
Ich halte nicht länger Ausschau nach mir.
Auch nicht im Traum.
Jetzt gibt es nur noch diese Stille,
groß und furchtbar.

SCHLAFWANDLER

In diesen Träumen springe ich über meine Schatten,
leichtfüßig,
antworte dem Ruf der Schlafenden,
flüsternd,
das Losungswort am Ende des Tunnels,
in diesen Träumen verfalle ich dem Licht des Mondes,
treibe es mit jedem, der mich findet,
reiße mir das Herz aus der Brust
und lasse meine Stunde schlagen,
goldener Staub auf allen Uhren.

GEDÄCHTNIS DER NACHT

Hat jemand meinen Namen gerufen?
Aus der Vergessenheit kehren sie zurück,
Nacht für Nacht
finden mich ihre Stimmen,
leise und fern,
so viele Gesichter,
ich will schlafen und nicht träumen,
will mich nicht erinnern,
wer hat mein Versteck verraten?

ZERBRECHLICHE WAHRHEIT

Gläsern sind meine Tage und Nächte,
schlägt mein Herz aufsässig um sich,
zerspringen die Stunden,
und alle Schritte laufen sich blutig im Kreis,
ich spreche meine Gebete mit leiser Stimme,
hebe die Splitter auf,
so viele Augenblicke,
mein bunter Scherbenhaufen,
mein Leben.

Autobiographische Ratlosigkeit

Was erzählen von einem,
    der sich weigert, die Zeichen zu erkennen,
unüberhörbar die Botschaft,
auch im stummen Dunkel seiner Nacht,
was erzählen von einem,
    der sein Kinderzimmer nie verlassen hat.
Seine Uhren schauen ihn an,
und er ruft:
„Das Spiel gilt nicht. Ich will noch einmal anfangen."
Auf seinem Schaukelpferd zieht er täglich in die Schlacht.

SÄTZE

Sätze, die wir auswendig lernen.
Sätze, in die wir uns einsperren.
Sätze, an die wir uns gewöhnen.
Sätze, mit denen wir alt werden.

Der Satz, den wir suchen.
Der Satz, der uns rettet.
Der Satz, den wir verlieren.
Der Satz, an dem wir sterben.

ZIMMERWELT

Fruchtbar ist meine Zimmerlandschaft,
an diesen Tagen,
alles gedeiht,
der Aprikosenbaum aus Edenkoben,
links neben der Tür,
das Lachen von Nadja,
die mich inmitten der grünen Weinhügel fotografiert.
„Du mußt wiederkommen zur Weintraubenzeit",
auch der Mirabellenbaum ist ein Foto,
Erinnerung für die fünfte Jahreszeit,
die längst begonnen hat,
ein dunkles Wachsen in der Stille,
die ich mit dem Lärm der Métro betäube,
jetzt fährt sie durch mein Zimmer,
am Aprikosenbaum vorbei,
von dem andere Stunden fallen,
leuchtend,
die Augen von Jan,
der Paris erfindet,
in seinem Skizzenblock,
ganz nah ist das Ufer der Seine,
nur drei Schritte von meinem Schreibtisch entfernt,
gierig und ein bißchen angestrengt,
sammele ich Beweise,
gegen mein Verschwinden,
verfolge die Spuren,
von Paris bis London,
Venedig bis Barcelona,
verschwenderisch und geizig,
in einem Atemzug,
lasse es nicht zu,
daß der Buchhalter die trunkenen Stunden
   nüchtern rechnet

Gedicht über eine Rose

„Man kann heute
   kein Gedicht mehr über eine Rose schreiben",
sagen meine klugen Freunde,
und ich schweige.
Ich betrachte die Rose,
die ich mir selbst geschenkt habe,
meine Rose,
mein Gedicht.

Revolte

Schafsträume,
im zitternden Dunkel,
das blökende Herz schlagen,
drohend und nicht furchtsam,
bereit sein,
jetzt,
den Stall zu verlassen,
und nicht länger darauf warten,
daß das nächste Opferlamm geschlachtet wird,
den alten Gesetzen mißtrauen,
von denen es heißt,
daß sie in den Sternen geschrieben stehen,
sich nicht länger auf das dicke Fell verlassen,
das gewachsen ist mit den Schafstagen,
bereit sein,
jetzt,
die Herde zu verlassen,
dünnhäutig,
blökendes Wolfsherz.

Ambivalente Beziehung

Der, den ich fürchte, ist kein Feind,
ist nicht der,
für den ihn viele halten,
der zu mir spricht,
seit sieben Jahren,
ist mein Lehrer geworden,
lehrt mich,
schwach zu sein und kämpferisch,
sanftmütig und zornig,
ist ein strenger Lehrer,
duldet keine Lauheiten,
keinen Selbstbetrug,
der, den ich fliehe,
ist mein Komplize geworden,
gemeinsam streunen wir durch die Stunden,
lebendig und sterblich,
verteidigen unseren Hunger
und meiden die,
die sich in tödlicher Sparsamkeit einrichten.

ATEMZÜGE

In jedem Atemzug sitze ich,
ein dankbarer Reisender,
von Station zu Station,
ich bin unterwegs,
frage nicht nach dem Ziel,
welches Schicksal mir blüht,
träume nicht von Dauer,
feilsche nicht um Aufschub,
bin in Bewegung,
geduldig,
auch in den schneller Atemzügen,
am Ende der Nacht,
aufgewühlt,
von einem Tag aus der Kindheit,
der noch einmal aufgeht,
am gläsernen Himmel,
ich lasse mich treffen
vom Licht,
in dem mein verlorener Schatz funkelt,
Aufruhr und Stille,
ich nehme sie an,
alle Zeichen,
auch auf den letzten Atemzug werde ich springen,
gläubig,
ein Reisender, immer.

TROTZ TRAUER

Aufwachen,
blaue Gedanken im Kopf,
einen Brief an Nadja schreiben,
aus dem Fenster schauen,
mit Jan telefonieren,
die Treppe runterspringen,
Kraft fühlen,
einem schönen Mann hinterherträumen,
mit der U-Bahn durch die Stadt fahren,
Gedichte von Hilbig lesen,
Sekt trinken,
eine glückliche Erinnerung umarmen,
für Julian den Tisch decken,
mit einer Hoffnung einschlafen.

Lamento

Will nichts mehr wissen von den Nächten,
    die wir verraten haben,
aber mein Herz ruft auch die entferntesten Stunden,
mit sich überschlagender Stimme,
süchtig nach jeder Einzelheit,
gnadenloses Gedächtnis,
immer wieder blühen unsere Sommer,
bedrohlich,
in meiner Zimmerwüste,
und ich liege da,
mit meinem kläglichen Durst,
den kein Gebet stillt,
immer wieder verdammt mich mein Herz zur Erinnerung,
baut mein Gefängnis,
mit jedem Schlag.

WARNUNG

Der bunte Tod zu Lebzeiten geht umher
und verteilt Bonbons,
Luxusstunden für seine Kinder,
die alles hinnehmen,
alles ertragen,
satt und immun gegen jeden Hunger,
nicht verrückt zu werden in diesen Tagen,
das ist verrückt,
unsere Nächte lassen sich nicht länger versüßen,
wir kriechen durch die sauberen Städte,
auf allen Vieren,
vergiften die Brunnen,
aus denen die Aufrechten ihren friedlichen Schlaf schöpfen,
wir infizieren die Träume der Arglosen
mit unserer Botschaft,
wir sind viele,
wir stören die Ruhe im Lande,
unser Elend ist nicht leise,
nicht länger hausen wir in der Sprachlosigkeit,
unsere Parole dringt durch die Mauern.

FRAGEN

Ob ich nicht weise geworden sei,
in all den Jahren,
fragen mich viele,
manchmal mit Argwohn,
als hütete ich geizig ein großes Geheimnis.
Meinen Tagen wächst keine Antwort,
die Nächte bleiben ohne Erleuchtung,
alte Fragen blühen im Dunkel der Stunden,
üppig,
gedeihen in Stille und Angstschweiß,
mein sterbliches Fleisch ist fruchtbare Erde.
Ich bin nicht weise geworden,
in all den Jahren,
habe kein Rätsel gelöst,
habe gelernt,
in meinen Tagen und Nächten,
das Rätsel zu lieben,
das große Geheimnis.

Schwarze Winter

Rabenstunden sitzen der Zeit auf den Schultern,
Tod in den Augen,
wer wird der Nächste sein?
Aufgewühlt,
der Schnee dieses Winters,
von den Schritten der Trauernden,
auf allen Gesichtern das Zeichen.
Beflügelt vom Unheil
fällt lautlos
eine neue Feder,
und jemand bückt sich,
seinen Namen aufzuheben.

Mauerblümchenrevolte

Sollen die anderen warten,
ich bin mein eigenes Wunder,
ab sofort,
ich lasse mir wilde Haare wachsen
und fordere mich selbst auf zum Tanz,
sollen die anderen vor sich hinwelken,
ohne je geblüht zu haben,
ich verschwende mich,
drehe mich,
bis mir schwindelig wird,
sollen die anderen ihre Tage sparen
für ein hohes Alter,
ich gebe alle meine Stunden aus,
jetzt.

MÜDIGKEIT

Müdigkeit, grauäugige Kerkermeisterin,
sie hütet den Schatz meiner Zeit,
eifersüchtig,
ab und zu ein funkelnder Augenblick,
dann wieder Dunkelheit,
kraftloses Dahinvegetieren.
Müdigkeit, Aasgeier ohne Flügel,
frißt mich von innen auf,
langsam.
Müdigkeit, fette Amme, die den 35jährigen
auf die Kissen drückt, ihn einpackt in
Mattigkeit und hilfloses Gegreine,
kein Schreien hilft,
sie hat den längeren Arm.

NÄCHTLICHE IDENTITÄTEN

Die Spuren verwischen,
der Nacht ein Versteck suchen,
schnell,
wohin mit meinem Herzlärm,
der mich verraten wird?
Kind in meinem Bett,
hält sich beide Ohren zu,
so viele Stimmen,
überall,
nicht so heftig atmen,
die Jäger wittern den Schweiß ihrer Beute,
gehen durch mein Zimmer,
mit erregten Schritten,
legen Fallen,
flüsternd,
in allen Ecken,
das Urteil,
nichts hinnehmen,
der Zeit alle Worte im blutigen Maul umdrehen,
listig die Flucht vorbereiten,
im heldischen Traum des Opfers,
spring,
Kind im Bett,
spring über die Schatten!

Inhalt

Beschwichtigungen 7
Traumhelden 8
Zimmerwildnis 9
Tango 10
Wintervision 11
Meine Feste 12
Nächtliche Kopfprotokolle 13
Traum 14
Raubzüge 15
Inventar der Nacht 16
Danach 17
Lange Verlobungsfeierlichkeiten 18
Die Gefangenschaft des Kranken 19
Tourismus 20
Spaziergänger 21
So viel Himmelsblau 22
Bild 23
Höllenbewohner 24
Muttertagegedicht 25
Sturm 26
Fleischmarkt 27
Mord 28
Frage 29
Immer 30
Traum 31

Augenblick im Februar   32

Bedrohliche Szene   33

Schatz   34

Koffeinrausch oder Visionen eines Kaffeetrinkers   35

Lebendige Stunden   36

Die Liebe in den Zeiten von Aids   37

Mittendrin   38

Rivalität   39

Regenzeit   40

Tödliche Wortspiele   41

Närrische Entrüstungen   42

Der Reihe nach   43

Tatsachen   44

Kopftheater   45

Nachmittagsclown   46

Alltag   47

Animalische Verwandlungen   48

Infizierte Konjunktiv-Orgien   49

Meine Jahreszeit   50

Unveröffentlichte Wahrheiten in eigener Sache   51

Hinterhofphantasien   52

Die Launen des Siegers   53

Januarbeschwörungen   54

Häutungen   55

Überforderungen   56

Aber Glauben   57

Diese Stille   58

Schlafwandler   59